# LES ÉLECTIONS DU CLERGÉ

## DANS LA

# SÉNÉCHAUSSÉE DE SAUMUR

## (1789)

Le 24 janvier 1789, parut la lettre royale pour la convocation des États Généraux. Louis XVI y avait annexé un règlement qui entrait dans tous les détails des élections pour les trois ordres. La sénéchaussée de Saumur avait, comme en 1614, une représentation à part. La députation devait se composer d'un membre du clergé, d'un membre de la noblesse et de deux membres du tiers état.

C'est le gouverneur de Saumur, le comte d'Egmont, qui reçut les lettres royales ; il devait les communiquer à l'officier principal de la sénéchaussée de Saumur (1). Mais quel était cet officier principal ?

(1) La sénéchaussée de Saumur comprenait les paroisses d'Allonnes, Amberre (Vienne), Ambillou, Antoigné, Argenton-l'Eglise (Deux-Sèvres), Artannes, Aubigné-Briant, Bagneux-en-Marche (Deux-Sèvres), Bagneux près Saumur, Bertegon (Vienne), Bessé, Blaison, Blâlay (Vienne), Blou, Bouillé-Loret (Deux-Sèvres), Bouillé-Saint-Paul (Deux-Sèvres), Bournezeau (Vienne), Boussageau (Vienne), Brain-sur-Allonnes, Braslou (Indre-et-Loire), Braye-sous-Faye (Indre-et-Loire), La Breille, Brézé, Brigné, Brion (Deux-Sèvres), Brossay, Ceaux (Vienne), Cernusson, Cerqueux-sous-Passavant, Cersay (Deux-Sèvres), Chacé, Champigny-le-Sec (Vienne), Champigny-sur-Veude (Indre-et-Loire), Chapelle-

Le soin de faire publier dans les six sénéchaussées
d'Angers, Baugé, Beaufort, Château-Gontier, La Flèche
et Saumur la lettre et le règlement de Sa Majesté incom-
bait tout d'abord au grand sénéchal d'épée, le comte de
la Galissonnière ; mais ce dernier, dont la nomination
remontait à 1768, n'avait pas un titre légal et régulier,
ayant négligé la formalité dispendieuse de l'enregistre-
ment des lettres patentes.

sous-Doué, Chaveignes-sur-Veude (Indre-et-Loire), Chemellier,
Chéneché (Vienne), Chênehutte, Cherves (Vienne), Chétigné,
Chouppes (Vienne), Cinais (Indre-et-Loire), Cizay-la-Madeleine,
Cléré, Concourson, Continvoir (Indre-et-Loire), Coudray-Ma-
couard, Courchamps, Courcoué (Indre-et-Loire), Courléon, Cou-
tures, Couziers (Indre-et-Loire), Craon (Vienne), Cuhon (Vienne),
Cunault, Dampierre, Dandesigny (Vienne), Dénezé-sous-Doué,
Distré, Douces, Doué, Doussay (Vienne), Faye-la-Vineuse (Indre-
et-Loire), Fontevrault, Forges, La Fougereuse (Deux-Sèvres),
Frontenay (Vienne), Gennes (Saint-Eusèbe), Gennes (Saint-
Vétérin), Genneton (Deux-Sèvres), Gizeux (Indre-et-Loire),
Gohier, Grézillé, La Grimaudière (Vienne), Jarzay (Vienne),
Jaulnay (Indre-et-Loire), Lenay, Lerné (Indre-et-Loire), Liaigue
(Vienne), Ligniers-Langout (Vienne), Longué (campagne), Louerre,
Louresse, Louzy (Deux-Sèvres), Marnay (Indre-et-Loire), Marnes
(Deux-Sèvres), Marson, Martigné-Briant, Massais (Deux-Sèvres),
Massognes (Vienne), Mazeuil (Vienne), Meigné-sous-Doué, Méron,
Messay (Vienne), Milly-le-Meugon, Mirebeau (Vienne), Moncontour
(Vienne), Montfort, Montilliers, Montreuil-Bellay, Montsoreau,
Nancré (Indre-et-Loire), Neuillé, Notre-Dame-d'Or (Vienne),
Noyant-la-Plaine, Nueil-sous-Faye (Vienne), Nueil-sous-Passavant,
Ouzilly (Vienne), Parnay, Passavant, La Plaine, Poligny (Vienne),
Pouant (Vienne), Prinçay (Vienne), Puy-Notre-Dame, Razines
(Indre-et-Loire), Richelieu (Indre-et-Loire), Rou, Russé, Le Sablon
(Indre-et-Loire), Saint-Barthélemy près Saint-Florent, Saint-
Chartres (Vienne), Saint-Christophe-sous-Faye (Vienne), Saint-
Clément-de-Sauves (Vienne), Saint-Cyr-en-Bourg, Saint-Cyr-la-
Lande (Deux-Sèvres), Sainte-Radegonde-de-Marconnay (Vienne),
Sainte-Verge (Deux-Sèvres), Saint-Generoux (Deux-Sèvres), Saint-
Georges-Châtelaison, Saint-Georges-des-Sept-Voies, Saint-Hilaire-
de-Rillé, Saint-Hilaire-l'Abbaye, Saint-Hilaire-le-Doyen, Saint-
Hippolyte, Saint-Just-sur-Dive, Saint-Lambert-des-Levées, Saint-
Léger-de-Montbrun (Deux-Sèvres), Saint-Macaire-du-Bois, Saint-

M⁰ René-Clément Fournier, chevalier, seigneur de Boisairault, s'intitulait *lieutenant général d'épée de la sénéchaussée de Saumur et pays saumurois*. Il prétendait qu'à défaut du grand sénéchal d'épée c'était à lui d'ouvrir les lettres royales pour la convocation des États Généraux.

D'autre part, M⁰ Claude-Thomas Desmé du Buisson, chevalier, conseiller d'État, *président, sénéchal, lieutenant général de robe longue de la sénéchaussée de Saumur et pays saumurois*, réclamait ses droits. C'était à lui, comme à l'officier revêtu de l'autorité judiciaire, qu'était déféré le droit de diriger les actes de la convocation, qui tous étaient des actes juridiques pour lesquels le lieutenant général d'épée n'avait pas de qualité.

Le lieutenant général de robe longue avait raison. Créées le 23 novembre 1703, les fonctions du lieutenant général d'épée étaient purement honorifiques. Le gouverneur de Saumur le comprit et, le 14 février, il adressa les lettres royales à M. Desmé du Buisson (1).

Martin-de-la-Place, Saint-Martin-de-Mâcon (Deux-Sèvres), Saint-Martin-de-Sanzay (Deux-Sèvres), Saint-Maur-sur-Loire, Saint-Paul-du-Bois, Saint-Philbert-de-la-Pelouze (Indre-et-Loire), Saint-Pierre-à-Champ (Deux-Sèvres), Saint-Pierre-en-Vaux, Saint-Rémy-la-Varenne, Saumur, Savigny-sous-Faye (Vienne), Serigny (Vienne), Seuilly-l'Abbaye (Indre-et-Loire), Soulanger, Souzay, Sully (Vienne), Tancoigné, Thizay (Indre-et-Loire), Thurageau (Vienne), Tigné, Le Toureil, Tour-Saint-Gelin (Indre-et-Loire), Tourtenay (Deux-Sèvres), Trémont, Trèves, Les Tuffeaux, Turquant, Ulcot (Deux-Sèvres), Les Ulmes-Saint-Florent, Varennes-en-Mirebalais (Vienne), Varennes-sous-Doué, Varennes-sous-Montsoreau, Varrains, Vaudelnay, Les Verchers (trois paroisses), Vernantes, Verrue (Vienne), Verrye, Villebernier, Vivy, Vouzailles (Vienne).

(1) Le 14 février 1789, le lieutenant général d'épée écrivit à Barentin, au gouverneur de Saumur, au directeur général des Finances et à M. de Villedeuil, pour se plaindre de la conduite du lieutenant général de robe longue qui avait empiété sur ses droits. Le même jour, le lieutenant général de robe longue écrivit, de son côté, à Barentin pour le faire juge de sa conduite. Le garde des Sceaux répondit en donnant raison à ce dernier.

*

Le même jour, 14 février 1789, une ordonnance du lieutenant général au siège de la sénéchaussée de Saumur et pays saumurois enjoignit au procureur du roi de publier les lettres et le règlement du souverain, en même temps que son ordonnance, dans les villes, bourgs, villages et communautés du ressort de la sénéchaussée.

Voici les dispositions relatives au clergé, le seul ordre dont nous ayons à nous occuper ici.

L'évêque, les abbés, les chapitres, corps et communautés ecclésiastiques rentés des deux sexes, les prieurs, les curés, les commandeurs et généralement tous les bénéficiaires devaient être assignés par un huissier royal pour comparaître, *en personne ou par procureur*, à l'assemblée générale des trois États, le 9 mars, à Saumur (1).

Mais bientôt l'autorité du lieutenant général de robe longue dut s'incliner devant celle du comte de la Galissonnière. Le 3 mars, il faisait lire et enregistrer en l'audience de la sénéchaussée d'Angers les lettres contenant commission de sa charge de grand sénéchal d'épée, et le 6 il était à Saumur pour les faire enregistrer à la sénéchaus-

---

(1) Les chapitres, corps et communautés ecclésiastiques devaient comparaître à l'assemblée générale par des députés dans la proportion déterminée par les articles 10 et 11 du règlement royal, et tous les bénéficiers en personne ou par procureur.

Tous les curés qui étaient éloignés de plus de deux lieues de Saumur, étaient tenus de se faire représenter par procureur, à moins qu'ils n'eussent un vicaire ou desservant résidant dans leur cure ; défense était faite à ces derniers de s'absenter pendant le temps nécessaire aux curés pour se rendre à l'assemblée, y assister et retourner dans leurs paroisses.

Tous les autres ecclésiastiques, suffisamment avertis par les publications, affiches et cri public, étaient tenus de se rendre, en personne et non par procureur, à l'assemblée du 9 mars ; étaient exceptés les ecclésiastiques résidant dans les villes, lesquels devaient se réunir chez le curé de la paroisse dans laquelle ils étaient habitués ou domiciliés, pour élire un d'entre eux, conformément à l'article 15 du règlement de Sa Majesté.

sée de cette ville. Le même jour, 6 mars, le comte de la Galissonnière écrivait au garde des sceaux Barentin : « Les esprits me paraissent calmes et tranquilles dans la sénéchaussée de Saumur. Ils ne le sont pas également dans celle d'Angers (1). » Le 7 mars, paraissait une ordonnance du grand sénéchal d'épée fixant au 9 l'assemblée générale des trois ordres de la sénéchaussée.

Lettre, règlement et ordonnances furent ponctuellement exécutés. De tous les points du pays saumurois les membres du clergé vinrent à Saumur pour assister à l'assemblée générale des trois ordres de la sénéchaussée, qui se réunit dans l'église Saint-Pierre, le 9 mars, à 8 heures du matin, sous la présidence d'Augustin-Félix-Élisabeth Barrin, chevalier, comte de la Galissonnière, chef de nom et armes, seigneur de la sirerie et principauté de Pescheseul, du marquisat de la Guerche et autres lieux, maréchal des camps et armées du roi, grand sénéchal d'épée héréditaire de la province d'Anjou et pays saumurois. Le procureur du roi en la sénéchaussée de Saumur, Me Pierre-André-Gilles Lorrier, était présent à l'assemblée. Le grand sénéchal d'épée était assisté de Louis-Antoine Sanzay, greffier, et d'Abraham-René Baudry, premier huissier audiencier.

A la droite du président se trouvait le clergé, à sa gauche la noblesse, et en face le tiers-état.

Après la messe du Saint-Esprit, le procureur du Roi fit quelques réflexions sur les bontés paternelles de Louis XVI et sur l'importance des objets qui devaient occuper l'assemblée. On donna ensuite lecture de la lettre du Roi et du règlement y annexé, de l'ordonnance du lieutenant de robe longue et de celle du grand sénéchal d'épée. Puis, le comte de la Galissonnière prononça un discours, qui fut imprimé par les soins de la noblesse.

(1) Archives nationales, B, iii, 7.

Quand le grand sénéchal eut fini de parler, on commença la vérification des pouvoirs. Cette opération pour les trois ordres ne se termina que le 12 mars au soir.

Le lendemain, 13 mars, le grand sénéchal d'épée reçut de tous les comparants la prestation de serment de procéder fidèlement en leur âme et conscience à la rédaction des cahiers de doléances et à la nomination de leurs députés aux États Généraux. Il ordonna ensuite à l'ordre du clergé d'aller tenir ses séances dans la salle de l'auditoire de l'Hôtel-de-Ville, sous la présidence de M. Lepeu, curé de Louerre (1). La noblesse se retira dans la grande salle du pavillon des casernes destinée aux officiers généraux et fut présidée par le grand sénéchal lui-même. Quant au tiers-état, il resta dans l'église Saint-Pierre et ses séances furent présidées par le lieutenant général de robe longue, en présence du procureur du roi.

Conformément aux ordres du grand sénéchal d'épée, le clergé se réunit dans la salle de l'auditoire de l'Hôtel-de-Ville. M. Nicolas Lepeu, curé de Louerre, le plus ancien des curés, fut *élu* président, l'assemblée n'ayant pas voulu reconnaître au grand sénéchal le droit de lui imposer un président, et M. François Paterne, curé du Vaudelnay, fut désigné pour remplir les fonctions de secrétaire.

Il y avait deux opérations distinctes à faire : rédiger un cahier de doléances, puis élire un député. On s'occupa

(1) Le 22 février 1789, Mgr de Lorry, évêque d'Angers, avait écrit au garde des Sceaux Barentin pour savoir s'il devait présider les deux assemblées du clergé, à Angers et à Saumur, puisqu'elles auraient lieu à des dates différentes. Le 9 mars, le ministre répondit à l'évêque qu'il devait les présider toutes deux (Archives nationales, B, iii, 7). L'évêque d'Angers ne vint point à Saumur, parce qu'il avait reçu trop tard la lettre du garde des Sceaux. Du 16 mars au 6 avril, le prélat fut retenu à Angers par les élections du clergé des sénéchaussées d'Angers, Baugé, Beaufort, Château-Gontier et La Flèche.

d'abord du cahier, et une commission fut nommée pour le rédiger. Elle se composait de 19 membres, dont voici les noms : MM. Charles-Pierre Lefebvre, curé de Montreuil-Bellay, Louis-Bertrand Lelivec de Lanvoran, curé d'Antoigné, Clément Mesnard, prieur-curé d'Aubigné-Briand, Mathurin-Guy-Jacques Bineau, curé de Douces, Louis-Jean Lenoir, curé de Lerné, Nicolas Guillot, curé de Varennes-sous-Montsoreau, Jean Chaveneau, curé de Cuhon, Jean-Baptiste Loriot, curé de Bouillé-Loret, François-Alexis Follenfant, chanoine de Blaison, Jean-François Peltier, chanoine de Doué, Joseph Roger, chanoine du Puy-Notre-Dame, François-Charles Gloria, chanoine de Mirebeau, François-René-Alexandre de Maillé de la Tourlandry, prieur de la Breille, Charles-Urbain Baudry, chapelain de Nantilly, Jean Servant-Duvivier, supérieur de l'Oratoire de Saumur, dom Massey, doyen de l'abbaye de Saint-Florent, dom Ferrand, prieur conventuel de Montreuil-Bellay, Alexandre Guerrier, religieux et curé de Fontevrault, Couronné, gardien des Cordeliers de Saumur.

Après cette élection, la séance fut renvoyée au 27 mars, afin de donner aux membres de la commission le temps de procéder à la rédaction du cahier des doléances du clergé de la sénéchaussée de Saumur.

Le 27 mars, l'assemblée se réunit de nouveau pour élire un député et un suppléant. Le curé de Saint-Lambert-des-Levées, le prieur-curé d'Aubigné-Briant et le prieur-curé de Dampierre furent nommés scrutateurs. Il y avait 216 bulletins et M. Clément Mesnard, prieur-curé d'Aubigné-Briant fut élu à la majorité des suffrages. M. Louis-Bertrand Lelivec de Lanvoran, curé d'Antoigné, fut nommé suppléant.

La dernière séance de l'ordre du clergé eut lieu le 28 mars. On remit à M. Mesnard le cahier de doléances et le procès-verbal des séances. Ce cahier, qui avait été arrêté définitivement dans la séance du 27 mars, a été publié (1) dans les *Archives Parlementaires* (tome V), et le procès-verbal est conservé aux Archives nationales (B III, 140).

Le même jour, 28 mars, après-midi, les trois ordres de la sénéchaussée de Saumur se réunissaient à Saint-Pierre, sous la présidence du comte de la Galissonnière. Les quatre députés, ainsi que leurs suppléants, prêtèrent serment entre les mains du grand sénéchal d'épée (2), puis le comte de la Galissonnière prononça la clôture de l'Assemblée générale des trois ordres de la sénéchaussée (3).

(1) Il fut imprimé en 1789, à Saumur, chez de Gouy : *Cahier des remontrances au Roi, contenant les instructions et pouvoirs donnés par l'ordre du clergé de la sénéchaussée de Saumur à son député, le 27 mars dernier, relativement aux états généraux indiqués au 27 avril 1789, en la ville de Versailles* (in-12, 20 pages).

(2) Le garde des Sceaux Barentin avait écrit, vers le milieu de mars, au comte de la Galissonnière que le grand sénéchal d'épée n'avait qu'une présidence passive, qu'il n'avait pas le droit de décerner acte des comparutions, de donner défaut ni de recevoir le serment. M. de la Galissonnière passa outre et, le 28 mars, il reçut le serment des députés saumurois, disant au lieutenant général de robe longue que le garde des Sceaux n'avait pas écrit au nom du Roi.

(3) Le 3 mars 1789, le comte de la Galissonnière faisait enregistrer, en l'audience de la sénéchaussée d'Angers, sa commission de grand sénéchal d'épée. Le 6, il était à Saumur, d'où il écrivait au garde des Sceaux. Le 7, il signait une ordonnance relative à l'assemblée générale du surlendemain. Du 9 au 12 mars, il présida l'assemblée générale des trois ordres de la sénéchaussée de Saumur. Le 13 et le 14 mars, il présida l'ordre de la noblesse de Saumur. Le 16 et le 17 mars, il présida l'assemblée générale des trois ordres à Angers. Du 18 au 24 mars, il présida l'ordre de la noblesse à Angers. Les 26 et 27 mars, il présida l'ordre de la noblesse à Saumur. Le 28 mars, il clôtura, à Saumur, l'assemblée générale des trois ordres. Du 29 mars au 7 avril, il présida l'ordre de la noblesse à Angers. Enfin, le 8 avril 1789, il présidait la clôture de l'assemblée générale des trois ordres à Angers.

Voici la liste des ecclésiastiques présents à l'assemblée (1) :

### *Abbayes* (2)

L'abbesse de Fontevrault, représentée par Claude-Henry David, visiteur de l'Ordre (3).

L'abbé commendataire de Saint-Florent-lès-Saumur, Augustin de Beliardi, représenté par René-Julien-Denis Massey, ancien prieur de Saint-Florent.

### *Chapitres*

Le Chapitre de Blaison, représenté par François-Alexis Follenfant (4).

Le Chapitre de Doué, représenté par Jean-François Peltier (5).

(1) Archives nationales, B, iii, 140. — Archives de Maine-et-Loire, série B.

(2) Trois abbés commendataires firent défaut : l'abbé de Ferrières, l'abbé de Saint-Maur-sur-Loire et celui de Seuilly.

(3) La procuration de Claude-Henry David est signée de l'abbesse, Mme Julie-Sophie-Gilette de Pardaillan d'Antin, de la grande prieure, sœur de Labroue d'Aubigny, de la prieure du cloître, sœur Huon, de la dépositaire, sœur de Kgal, de la portière, sœur Martorey, de la boursière, sœur Souhigaray, de la grande cellerière, sœur Deroche, et de quatre autres officières, les sœurs Houdard, de Romans, Torpanne et de Rancher.

(4) Le chapitre de Blaison se composait de MM. Jean Maindron, François-Louis Camus, Pierre Jumereau et François-Alexis Follenfant.

(5) Le chapitre de Doué se composait, à cette époque, de MM. Jean-François Peltier l'aîné, Robert-Jean Ragaru de la Touche, Denis-François Peltier le jeune, J. Marquet, Paul Besnard-Dupercher, maire-chapelain du côté dextre, Jean-Joseph Genneteau, maire-chapelain du côté senestre, Charles Bascher, sacriste, prêtre, Charles-Nicolas Doussin, chantre, Etienne-Alexandre Gâtault, diacre.

Le Chapitre de Faye-la-Vineuse, représenté par Jean-Pierre Monnereau (1).

Le Chapitre de la Grézille, représenté par Jean-Martin Pouillard (2).

Le Chapitre de Martigné-Briant, représenté par Paul-Denis Catroux (3).

Le Chapitre de Mirebeau, représenté par M. François-Charles Gloria (4).

La chapellenie bachelerie de Mirebeau, représentée par Jean Chaveneau (5).

Le Chapitre de Montreuil-Bellay, représenté par Jean-Baptiste Franclet (6).

(1) Le chapitre de Faye-la-Vineuse était alors composé de MM. Jean-Christophe Jahan, chefcier, Philippe Lapareillé, Gabriel-Dariel Bernier, Louis Savaton, Jean-Benjamin Motet, Jean-Jacques-Louis de la Fouchardière, Jean-Pierre Monnereau, Philippe-Jacques Hulin, André-François Girault, Pierre Thibault, René Nozereau.

(2) Le chapitre de La Grézille ne se composait que de cinq chanoines : MM. Loir-Mongazon, Moreau, Pouillard, Boutmy et Chounière.

(3) Le chapitre de Martigné-Briant se composait de MM. Hilaire-Mathieu Mesnard, Jacques Chetoul, Noël Le Roux, Michel Risard, Paul-Denis Catroux, Charles-Prudent Rogier, tonsuré et chanoine, Pierre Girault, chantre, prêtre.

(4) Voici quels étaient les neuf chanoines de Mirebeau : MM. Jean-François Jouhet, chefcier, François-Charles Gloria, chantre, Emeric Quercau, sous-chantre, Etienne-Claude Dubois, François Creuzé, François Chaigneau, André-Félix Morry, curé, Guillaume Vidalenc, Pierre-Michel-Tite-Nicolas Gilles de la Tourette.

(5) Cette chapellenie bachelerie se composait de six chapelains : MM. René-Antoine Guignard, doyen, Jacques Finet, Jacques Louillier, Jean Chaveneau, curé de Cuhon, Paul-Victor Chesneau, François Bersange, tous prêtres.

(6) Le chapitre de Montreuil-Bellay se composait de sept chanoines et de trois chapelains. Voici le nom des chanoines : MM. Jean-Baptiste Franclet, doyen, Jacques Moreau, Jean-François Jacquet, Vincent-François Thouret, Gabriel Fresneau, Jean

Le Chapitre de Montsoreau, représenté par François Richardin (1).

Le Chapitre du Puy-Notre-Dame, représenté par Joseph Roger (2).

Le Chapitre de Nantilly de Saumur, représenté par Charles-Urbain Baudry (3).

Le Chapitre de Saint-Nicolas de Saumur, représenté par René-Paul Durand.

Le Chapitre de Saint-Pierre de Saumur, représenté par Jean-Baptiste Caffin (4).

### *Communautés religieuses d'hommes*

Les religieux de Fontevrault, représentés par Claude-Henry David, visiteur de l'Ordre.

Les Augustins de Montreuil-Bellay, représentés par Louis Guyon, prieur (5).

---

Devondelle et Jean-Mathieu-Antoine Lamirault. Les trois chapelains étaient : MM. Poncelin, prêtre, Augustin Autran, prêtre, et Gain, diacre.

(1) Il n'y avait plus que trois chanoines à Montsoreau : MM. Millocheau, chefcier, François Richardin et Pimot.

(2) Voici la composition du chapitre du Puy-Notre-Dame en 1789 : MM. Marillet, sous-doyen, Joseph Roger, chantre, Gourdault des Marais, Pean, Prisset, Texier l'aîné, Texier le jeune, Roy, Marnay et Baillou.

(3) Les chapelains de Nantilly se nommaient, à cette époque : MM. Charles-Urbain Baudry, Gabriel-Florent Drapeau, Florent Fontaine, Florent Baudry, Martin-André Gasnier, Joseph Meignan, René Gourdon. Il faut ajouter M. Michel-François Besnard, diacre, fossier.

(4) Voici les noms des chapelains de Saint-Pierre en 1789 : MM. Michel-Charles Martin-Duchesnay, curé de Saumur, Louis Fermé, Louis Richard, André Lamiche, Jean-Baptiste Caffin, Urbain Estienvrot, Louis-Denis Papin, Philippe Dubois.

(5) Il n'y avait plus que deux Augustins à Montreuil-Bellay, Louis Guyon, prieur, et Dominique Rigabo, sous-prieur.

******

Les Bénédictins de Montreuil-Bellay, représentés par Pierre-Louis Ferrand, prieur.

Les prêtres de la Mission de Richelieu, représentés par Jean-Baptiste Ariet (1).

Les Bénédictins de Saint-Florent-lès-Saumur, représentés par Claude-François Bruneau, prieur (2).

Les Bénédictins de Saint-Maur-sur-Loire, représentés par Jean-François Bretel, prieur (3).

Les Cordeliers de Saumur, représentés par Louis-Étienne Couronné, gardien.

Les Oratoriens de Saumur, représentés par Jean Servant-Duvivier, supérieur (4).

### *Communautés religieuses de femmes*

Les Cordelières de Mirebeau, représentées par François-Charles Gloria, chanoine de Mirebeau (5).

(1) Il y avait neuf prêtres de la Mission à Richelieu : MM. Condamin, supérieur, Boissat, Potier, faisant les fonctions curiales, Henninot, Maucolin, Ariet, faisant les fonctions curiales, Daudin, Olivier et Garnier.

(2) La communauté des Bénédictins de Saint-Florent se composait de treize religieux : Bruneau, prieur, Fréart, sous-prieur, Massey, doyen, Labbé, René Joubert, cellérier, Jean-Baptiste Bouiteau, professeur de théologie, Bigot, dépositaire, de Broise, de Noyelle, Audio, Jean-Baptiste Durand, Touchaleaume et Longchamp.

(3) Il n'y avait plus que cinq moines à Saint-Maur : Bretel, de Perricard, Le Vacher, Dupin et Pupier.

(4) La communauté de l'Oratoire de Notre-Dame-des-Ardilliers était assez nombreuse. Elle se composait de cinq prêtres : Jean Servant-Duvivier, supérieur, Vincent-Philippe Rognard, Etienne-Louis-Firmin Savoye, Jean Ducasse d'Apilly et Jean-Louis Herillard. Il faut ajouter six autres membres de la congrégation, non prêtres : Jacques Richard, Jean-Nicolas Pesson, Michel-Charles-François Tardif, Athenase-Nicolas Binault, Pierre-Jean Josse et Jean-Baptiste Davost.

(5) Madeleine Verquault du Villier, supérieure, Louise de Maronnai, vicaire, Anne Lemercier, dépositaire, Anne Moricet,

Les religieuses de Notre-Dame de Richelieu, représentées par Jean-Baptiste Ariet, prêtre de la Mission (1).

Les Ursulines de Saumur, représentées par Jean-Baptiste Caffin, chapelain de Saint-Pierre, aumônier et directeur.

Les Visitandines de Saumur, représentées par André Lamiche, chaplain de Saint-Pierre, confesseur de la communauté.

### *Prieurés* (2)

Le prieur de Boumois, François Estin, bénédictin de Marmoutier, représenté par Claude-François Bruneau, prieur de Saint-Florent.

Le prieur de la Breille, François-René-Alexandre de Maillé de la Tourlandry, vicaire général du Puy-en-Velay.

Le prieur de Brossay, qui est la communauté des Bénédictins de Saint-Aubin d'Angers, représentée par Louis Bigot, bénédictin de Saint-Florent.

---

discrète, Marie Chabot, discrète, Jeanne Fournier, discrète, Louise Gagnerie, Rose Lelot, Victoire Morry, Marie-Louise-Françoise de Buisse.

(1) De Mondion, supérieure, Fouchardière, seconde, Durand, dépositaire, Cartier, conseillère, Esteron, Massogne, de Pomoreau, Royer, Causon, Poirier, Guitton, Motet, Maisonneuve, Adnet, de Chiserai, Tisseau, Lecomte, du Coteau, Arbus, Brault, Dauphin, Mabuleau.

(2) Vingt-huit prieurs ne vinrent pas à l'assemblée et ne se firent point représenter : les prieurs de Bertegon, Boussageau, Brain-sur-Allonnes, Braslou, Les Rochereaux à la Breille, Fosse-Bellay à Cizay, Concourson, Doué, Jaulnay, La Bournée au Malinet en Louresse, Herbault en Louresse, Laleu à Louresse, Saint-André de Mirebeau, Moncontour, Montilliers, Montsoreau, La Roche-aux-Moines à Neuillé, Passavant, Le Puy-Notre-Dame, Razines, Saint-Christophe-sous-Faye, Saint-Georges-des-Sept-Voies, Saint-Rémy-la-Varenne, Sérigny, Trèves, Saint-Pierre des Verchers, Vivy et Vouzailles.

Le prieur de Champigny-le-Sec, Alexis-Julien-Jean de la Hamelinaye, bénédictin de Solesmes, représenté par Jean-Baptiste Bouitau, bénédictin de Saint-Florent.

Le prieur de Chênehutte, dom Benitais.

Le prieur de Sainte-Madeleine-sous-Brossay, paroisse de Cizay, Noël-Paul Motet, sous-prieur de Saint-Serge d'Angers, représenté par Louis Bigot, bénédictin de Saint-Florent.

Le prieur du Coudray-Macouard, Jean Turner, bénédictin de la congrégation d'Angleterre, demeurant à Paris, représenté par Claude-François Bruneau, prieur de Saint-Florent.

Le prieur de Courchamps, Jean-Jacques Dagorne, représenté par Jean-Baptiste Bouiteau, bénédictin de Saint-Florent.

Le prieur de Dénezé, Pierre-François Cotelle, prieur des Noyers, représenté par Louis Bigot, bénédictin de Saint-Florent.

Le prieur de Faye-la-Vineuse, Gabriel-Daniel Bernier, représenté par Jean-Pierre Monnereau, chanoine de Faye-la-Vineuse.

Le prieur de Gennes, Jean-René Ledoyen de Clenne, représenté par Clément Mesnard, prieur-curé d'Aubigné-Briant.

Le prieur de la Grézille, Jean-Martin Pouillard, chanoine de la Grézille.

Le prieur de Saint-Jean-lès-Mirebeau, Pierre-Philippe Souchay, représenté par Pierre-Sébastien Roblain, curé du Puy-Notre-Dame.

Le prieur titulaire de Montreuil-Bellay, Jean-Samson Patert, représenté par Pierre-Louis-Ferrand, prieur claustral de Montreuil-Bellay.

Le prieur des Moielles, Pierre Delaferre, représenté par Urbain Estienvrot, chapelain de Saint-Pierre de Saumur.

Le prieur de Saint-Gilles de Razines, Pierre-Louis Ferrand, prieur claustral de Montreuil-Bellay.

Le prieur de Saint-Georges-Châtelaison, dont le titulaire est le couvent de l'Oratoire d'Angers, représenté par Jean Servant-Duvivier, supérieur de l'Oratoire de Saumur.

Le prieur du château de Saumur, René Vilneau, curé de Varrains.

### *Prieurés-cures* (1)

Jean-Joseph Perronneau, prieur-curé d'Artannes.

Clément Mesnard, prieur-curé d'Aubigné-Briant.

Jean Allard, prieur-curé de Bagneux près Saumur.

Charles Mercieul, prieur-curé de Braye, représenté par Jean-Baptiste Ariet, prêtre de la Mission, pro-curé de Richelieu.

Jean-Nicolas-Sébastien Levieil, prieur-curé de Ceaux, représenté par Jean-Baptiste Ariet, prêtre de la Mission.

Alexis Delachaume, prieur-curé de Chacé.

Pierre Brunet, prieur-curé de Courléon, représenté par Anne-Drouin-Emmanuel Moreau des Ardilliers, curé du Coudray-Macouard.

René Grimault, prieur-curé de Craon, représenté par Jean Chaveneau, curé de Cuhon.

Jacques Reneaume, prieur-curé de Dampierre.

Jacques Texier, prieur-curé de Gizeux, représenté par René Hobbé, vicaire à Saint-Pierre de Saumur.

Antoine Auriault, prieur-curé de la Grimaudière, représenté par Joseph Meignan, vicaire à Nantilly.

Jean-Henri Foureau, prieur-curé de Massognes, représenté par Jean Chaveneau, curé de Cuhon.

(1) Un seul prieur-curé fit défaut, M. Baugé, prieur-curé de Continvoir.

Louis Guibert, prieur-curé de Mazeuil, représenté par René Clavreul, vicaire à Saint-Pierre de Saumur.

Aubin-Benjamin Gigault de Targé, prieur-curé de Saint-Hippolyte.

Augustin Chauvet du Teil, prieur-curé de Saint-Martin-de-Sanzay.

Jacques-Joseph-Mathias Delahaye, prieur-curé de Saint-Paul-du-Bois, représenté par André Loir-Mongazon, chanoine de la Grézille.

François-Florent Leauté, prieur-curé de Saint-Philbert-de-la-Pelouze, représenté par René-Paul Durand, vicaire à Saint-Nicolas de Saumur.

Laurent Mabille, prieur-curé de Saint-Pierre-en-Vaux, représenté par Pierre Ribay, curé de Chemellier.

Joseph Hilaire, prieur-curé de Tancoigné, représenté par Isaac-Édouard Audio, curé de Saint-Georges-Châtelaison.

Louis-Jacques Couléon, prieur-curé de Turquant.

Jean Bouchet, prieur-curé d'Ulcot, représenté par Pierre Braud, curé de Louzy.

## *Cures* (1)

Louis Fougeray, curé d'Alonnes.

Charles-Pierre Gailliard, curé d'Amberre, représenté par Jean Chaveneau, curé de Cuhon.

(1) Voici la liste des vingt-quatre curés qui ne prirent pas part aux élections du clergé saumurois : **MM.** Philippe-Clément Bernard, curé de Bertegon ; Pierre Véguier, curé de Blalay ; Antoine Léridon, curé de Brézé ; François Rancher, curé de Champigny-sur-Veude ; Jean-Louis Cartier, curé de Chaveignes-sur-Veude ; Antoine Gallier, curé de Chéneché ; Etienne Micheau, curé de Courcoué ; Jean-Baptiste Jarry, curé de Saint-Maurice-la-Fougereuse ; Claude Richard, curé de Jaulnay ; Herbert, curé de Louresse ; Pierre-Toussaint Lemesle, curé de Meigné-sous-Doué ; Jean Naudeau, curé de Messais ; André-Félix Morry, curé de Notre-Dame de Mirebeau ; Paul Denichère, curé de Nancré ; Guiard, curé

Charles-Jean-François Boutmy, curé d'Ambillou.

Louis-Bertrand Lelivec de Lanvoran, curé d'Antoigné.

René Hamel, curé d'Argenton-l'Église.

Isaac Devaulx, curé de Bagneux-en-Marche, représenté par Augustin Chauvet du Teil, prieur-curé de Saint-Martin-de-Sanzay.

Pierre Deniau de la Garenne, curé de Bessé.

Jean-Baptiste-Michel Delanoue, curé de Blaison.

Charles Thiberge, curé de Blou, représenté par Jacques Gauné, vicaire à Blou.

Jean-Baptiste Loriot, curé de Bouillé-Loret.

Jean-Baptiste Cesvet, curé de Bouillé-Saint-Paul, représenté par Michel-Charles Martin-Duchesnay, curé de Saumur.

Claude Menard, curé de Bournezeau, représenté par Jean Chaveneau, curé de Cuhon.

François Roy, curé de Boussageau, représenté par Jean Chaveneau, curé de Cuhon.

Pierre Renault, curé de Brain-sur-Allonnes.

René Destorges, curé de Braslou, représenté par Jean-Baptiste Ariet, prêtre de la Mission, pro-curé de Richelieu.

Joseph Marais, curé de la Breille, représenté par François-René-Alexandre de Maillé de la Tourlandry, prieur de la Breille, vicaire-général du Puy-en-Velay, abbé commendataire de l'Ile-d'Yeu.

Jacques Milon, curé du château de Brezé.

Étienne Rontard, curé de Brigné.

de Noyant-la-Plaine ; Gabriel Luriet, curé de Nueil-sous-Faye ; Julien-François Gaubreteau, curé d'Ouzilly ; Pierre Bonnet, curé de Pouant ; Louis-Joachim Rivereau, curé de Prinçay ; Charles Monnereau, curé de Razines ; Julien Renault, curé de Rou ; Jean-François Baudouin, curé de Saint-Christophe-sous-Faye ; Lière, curé de Saint-Macaire-du-Bois ; Jean Terrasson, curé de Thurageau.

Joseph Malbois, curé de Brion près Thouet (1), représenté par Charles-Louis Micheau, curé de Saint-Cyr-la-Lande.

René Gallé, curé de Brossaÿ, représenté par Mathurin Bineau, curé de Douces.

René Sorin, curé de Cernusson, représenté par René Jousselin, curé de Montilliers.

Jean-René Jannet, curé des Cerqueux-sous-Passavant.

Jean-Louis Belliard, curé de Cersay, représenté par Marc Babaud, curé de Massay.

Pierre Miel, curé de Champigny-le-Sec, représenté par Jean Chaveneau, curé de Cuhon.

André-Pierre Bascher, curé de La Chapelle-sous-Doué, représenté par Jean-Baptiste Refour, vicaire à Nantilly.

Pierre Ribay, curé de Chemellier.

Guillaume Peau, curé de Chênehutte.

François Descoust, curé de Cherves, représenté par René Clavreuil, vicaire à Saint-Pierre de Sauumr.

Pierre Hardouin, curé de Chétigné.

Hilaire-Godefroy Laurence, curé de Chouppes, représenté par François-Charles Gloria, chanoine de Mirebeau.

André Benoît Rejaudry, curé de Cinais, représenté par Louis-Jean Lenoir, curé de Lerné.

Jean-Aimé Leroyer de Chantepie, curé de Cizay.

Jacques-Jean-Aimé Dehuictmuidz, curé de Cléré, représenté par Jean-René Jannet, curé des Cerqueux-sous-Passavant.

René-François-Julien Boussinot, curé de Concourson.

Anne-Drouin-Emmanuel Moreau des Ardilliers, curé du Coudray-Macouard.

---

(1) Le cahier de M. le Curé de Brion fut donné à son procureur. Il existe aux Archives de Maine-et-Loire, série B (dossier des *procurations*).

André-Pierre Malécot, curé de Courchamps.

Mathieu Mautouchet, curé de Coutures.

Hyacinthe Duliepce, curé de Couziers.

Jean Chaveneau, curé de Cuhon.

Mathurin Moreau, curé de Cunault, représenté par Charles-Marie-Isaac Debillon, curé de Saint-Vétérin de Gennes.

Antoine-François Couturier, curé de Dandesigny, représenté par Jean Chaveneau, curé de Cuhon.

Sébastien-René Benoist, curé de Dénezé-sous-Doué.

François Oger, curé de Distré.

Mathurin-Guy-Jacques Bineau, curé de Douces.

Denye-Foy Peltier, curé de Doué (1).

René-Vincent Rivière, curé de Doussay, représenté par Jean Chaveneau, curé de Cuhon.

Jean-Jacques-Louis de la Fouchardière, curé de Saint-Georges de Faye-la-Vineuse, représenté par Jean-Pierre Monnereau, chanoine de Faye-la-Vineuse.

Philippe Lapareillé, curé de Saint-Jouin de Faye-la-Vineuse, représenté par Jean-Pierre Monnereau, chanoine de Faye-la-Vineuse.

Alexandre Guerrier, curé de Fontevrault.

René Marquet, curé de Forges, représenté par Mathurin-Guy-Jacques Bineau, curé de Douces.

Pierre-Hilaire Ladmirault, curé de Frontenay, représenté par Jacques Doussin, curé de Saint-Clément de Sauves.

René Péhu, curé de Saint-Eusèbe de Gennes.

Charles-Marie-Isaac Debillon, curé de Saint-Vétérin de Gennes.

Charles Menou, curé de Genneton, représenté par Antoine Coëteux, curé de Tourtenay.

(1) Le curé de Doué s'opposa à ce que Gautier, desservant de Soulanger, eût voix à l'assemblée du clergé de la sénéchaussée de Saumur, parce que cette desservance n'était qu'un vicariat..

Pierre-François Herbert, curé de Gohier, représenté par Jean-Baptiste-Michel Delanoüe, curé de Blaison.

Michel Martin, curé de Grézillé.

René Trouvé, curé de Lenay.

Louis-Jean Lenoir, curé de Lerné.

Antoine Pinson, curé de Liaigue, représenté par François-Charles Gloria, chanoine de Mirebeau.

Pierre Duboys, curé de Ligniers-Langout, représenté par François-Charles Gloria, chanoine de Mirebeau.

François Dubois, curé de Longué.

Nicolas Lepeu, curé de Louerre.

Pierre Braud, curé de Louzy.

André-Gilles Lavau-Latouret, curé de Marnay, représenté par Jean-Pierre Monnereau, chanoine de Faye-la-Vineuse.

François Boutin, curé de Marnes, représenté par Jacques Doussin, curé de Saint-Clément-de-Sauves.

Guillaume Repin, curé de Martigné-Briant, représenté par Clément Mesnard, prieur-curé d'Aubigné-Briant.

Marc Babaud, curé de Massay.

Joseph-Alexandre Contreau, curé de Méron.

François Bellanger, curé de Milly-le-Meugon, reprérenté par Charles-Marie-Isaac Debillon, curé de Saint-Vétérin de Gennes.

Joseph-René Champion, curé de Saint-André de Mirebeau.

François Lamy, curé de Saint-Hilaire de Mirebeau, représenté par François-Charles Gloria, chanoine de Mirebeau.

Étienne-Claude Dubois, curé de Saint-Pierre de Mirebeau, représenté par François-Charles Gloria, chanoine de Mirebeau.

Pierre Devolvire, curé de Notre-Dame de Moncontour,

représenté par François-Alexis Moreau, vicaire à Saint-Pierre de Saumur.

Pierre-Guy Lucas, curé de Montfort.

René-Louis Jousselin, curé de Montilliers.

Charles-Pierre Lefebvre, curé de Montreuil-Bellay.

Jean-Baptiste Franclet, curé du château de Montreuil-Bellay.

Cosne-Casimir Boulnoy, curé de Montsoreau.

François-Jean Girard, curé de Neuillé.

François Rochon, curé de Notre-Dame-d'Or, représenté par François-Alexis Moreau, vicaire à Saint-Pierre de Saumur.

Pierre-Louis Pheliponneau, curé de Nueil-sous-Passavant.

César Minier, curé de Parnay.

Jean-Baptiste-Claude Desfossés, curé de Passavant, représenté par Pierre-Louis Pheliponneau, curé de Nueil-sous-Passavant.

Joseph Huau, curé de la Plaine.

Pierre-Sébastien Roblain, curé du Puy-Notre-Dame.

Condamin, curé de Richelieu.

Pierre-Étienne Renou, desservant de Marson.

Benoist-Louis Roche, curé de Russé, représenté par Louis Fougeray, curé d'Allonnes.

Pierre-Paul Léger, curé de Saint-Barthélemy près Saint-Florent.

Louis Thibaudeau, curé de Saint-Clartres, représenté par Philippe Dezé, curé de Saint-Cyr-en-Bourg.

Jacques Doussin, curé de Saint-Clément de Sauves.

Philippe Dezé, curé de Saint-Cyr-en-Bourg.

Charles-Louis Micheau, curé de Saint-Cyr-la-Lande.

Antoine-Sylvestre Bertrand, curé de Sainte-Radegonde de Marçonnay, représenté par Jean-Baptiste Refour, vicaire à Nantilly.

Augustin-Jacques Sausseron, curé de Sainte-Verge, représenté par Pierre Braud, curé de Louzy.

Jean Rou, curé de Saint-Généroux.

Isaac-Édouard Audio, curé de Saint-Georges-Châtelaison.

Maurille-Laurent Simon, curé de Saint-Georges-des-Sept-Voies, représenté par Pierre-Étienne Renou, desservant de la succursale de Marson.

Jean-François Bretault, curé de Saint-Hilaire de Rillé, représenté par Pierre-Sébastien Roblain, curé du Puy-Notre-Dame.

Pierre-Hippolyte Pastourel de Florensac, curé de Saint-Hilaire-l'Abbaye.

Alexis Molliet-Ribet, curé de Saint-Hilaire-le-Doyen.

François Justeau, curé de Saint-Just-sur-Dive.

Pierre Pinson, curé de Saint-Lambert-des-Levées.

Joseph Lionnet, curé de Saint-Léger-de-Montbrun, représenté par Louis-Bertrand Lelivec de Lanvoran, curé d'Antoigné.

Le curé primitif de Saint-Macaire-du-Bois, Jean-Vincent Dumège, doyen archiprêtre de Thouars, représenté par René Hamel, curé d'Argenton-l'Église.

Michel-Pierre Delaunay, curé de Saint-Martin-de-la-Place.

Louis-Charles Lerou de Boismenard, curé de Saint-Martin de Mâcon, représenté par Charles-Louis Micheau, curé de Saint-Cyr-la-Lande.

François-Alexandre-Mathurin Poyneau, curé de Saint-Maur, représenté par Jean-François Bretel, prieur do Saint-Maur.

Jérôme-Paul Villeneau, curé de Saint-Pierre-à-Champ, représenté par Antoine Coëteux, curé de Tourtenay.

Charles Hardy, curé de Saint-Rémy-la-Varenne.

Michel-Charles Martin-Duchesnay, curé de Saumur.

Alexis Prieur, curé de Savigny, représenté par François-Alexis Moreau, vicaire à Saint-Pierre de Saumur.

- André-Vincent Normand, curé de Sérigny, représenté par Pierre Pinson, curé de Saint-Lambert-des-Levées.

Jacques-Élie Thibault-Chambault, curé de Seuilly-l'Abbaye.

Louis-François Rivière, curé de Souzay.

Jacques Popinot, curé de Sully, représenté par François-Charles Gloria, chanoine de Mirebeau.

Michel-Mathias Leglay, curé de Thizay, représenté par Louis-Jean Lenoir, curé de Lerné.

Pierre Dron, curé de Tigné.

Pierre Soyer, curé du Toureil, représenté par Mathurin Mautouchet, curé de Coutures.

François Bastard, curé de la Tour-Saint-Gelin.

Antoine Coëteux, curé de Tourtenay.

Louis-Thomas Boulliau-Cartali, curé de Trémont, représenté par Pierre Dron, curé de Tigné.

André Béatrix, curé de Trèves.

Jacques Huet, curé des Tuffeaux.

Joseph Lamoureux, curé des Ulmes-Saint-Florent.

Joseph Collet, curé de Varennes-en-Mirebalais, représenté par François-Charles Gloria, chanoine de Mirebeau.

Pierre-François Pauvert, curé de Varennes-sous-Doué, *modò* Rocheminier, représenté par Sébastien-René Benoist, curé de Dénezé-sous-Doué.

Nicolas Guillot, curé de Varennes-sous-Montsoreau.

René Vilneau, curé de Varrains.

François Patern, curé du Vaudelnay.

Louis Hamard, curé de la Lande-des-Verchers, représenté par Pierre Hardouin, curé de Chétigné.

Simon-Pierre Chamars, curé de Saint-Just-des-Verchers, représenté par Noël-Jean Poupard, curé de Saint-Pierre-des-Verchers.

Noël-Jean Poupard, curé de Saint-Pierre-des-Verchers.

Jean-René Bellère du Tronchay, curé de Vernantes, archiprêtre de Bourgueil.

Joseph Dubois, curé de Verrue, représenté par Joseph Meignan, vicaire à Nantilly.

Michel-Pierre Bouchet, curé de Verrye.

Félix Lointier, curé de Villebernier.

Jacques Sailland, curé de Vivy.

Jean-Baptiste-René Frère d'Argentine, curé de Vouzailles, représenté par Jean Chaveneau, curé de Cuhon.


*Chapitres décimateurs* (1)


Le Chapitre de Candes, comme décimateur de Saumoussay, à Brezé, représenté par Philippe-Pierre Lemercier de la Rivière (2).

Le Chapitre de Saint-Hilaire de Poitiers, comme décimateur de Cuhon, Frontenay et Pouant, représenté par André Nacquefaire, chapelain de Saint-Nicolas de Saumur.

Le Chapitre de Sainte-Radegonde de Poitiers, représenté par Urbain Estienvrot, chapelain de Saint-Pierre de Saumur.

---

(1) Il y eut cinq corps ecclésiastiques décimateurs, dans la sénéchaussée de Saumur, qui firent défaut : le chapitre d'Argenton-Château, le couvent des Bénédictines de La Fougereuse, le chapitre de Ménigoutte, l'abbaye de Sainte-Croix de Poitiers et le chapitre de Saint-Martin de Tours.

Il faut ajouter à la liste de ceux qui firent défaut le commandeur de l'Ile-Bouchard et celui de Saint-Jean de Saumur. (Archives nationales, B, iii, 140.)

(2) Le chapitre de Candes se composait de MM. Ferand, chefcier, Baret de Rouvrai, Hardy, Lemercier de la Rivière, Picault de la Férandière, Dusoult, Lebrun, Michau, Cuau.

*Chapelles* (1)

Joseph-Charles Mersant, titulaire de la chapelle des Meleau, à Allonnes.

R. Esnault, titulaire de la chapelle Puymarin, à Allonnes, représenté par Pierre Renault, curé de Brain-sur-Allonnes.

André Mongazon, titulaire de la chapelle de Notre-Dame-de-Pitié, à Ambillou.

Pierre Moreau, titulaire de la chapelle de Saint-Jacques, à Ambillou, représenté par Charles Debillon, curé de Saint-Vétérin de Gennes.

Jean-Baptiste Moreau, titulaire de la chapelle de Saint-Jean-Baptiste, à Ambillou.

Pierre Gallais, titulaire de la chapelle des Baillou, à Argenton-l'Église, représenté par René Hamel, curé d'Argenton-l'Église.

Thomas, titulaire de la chapelle de Turtaye, à Argenton-l'Église, représenté par René Hobbé, vicaire à Saint-Pierre de Saumur.

Jean-Sébastien Dinan, titulaire de la chapelle de Saint-Jacques, à Aubigné-Briant, représenté par Clément Mesnard, prieur-curé d'Aubigné.

François-Louis Camus, titulaire de la chapelle de la Boutonnière, à Blaison, représenté par François-Alexis Follenfant, chanoine de Blaison

Jacques Gauné, titulaire de la chapelle des Aubiers, à Blou.

Louis-Henri Mangin, titulaire de la chapelle de Saint-Jean-Baptiste, à Blou.

(1) Il serait trop long d'énumérer les chapelles dont les titulaires furent convoqués pour l'assemblée du clergé, à Saumur, et qui firent défaut pour diverses raisons. Elles sont au nombre de cent quarante. (Archives nationales, B, III, 140.)

Paul-Charles Besnard-Dupercher, titulaire du legs des Cailleau, à Bouillé-Loret, représenté par Jean-François Peltier, chanoine de Doué.

Saint-Amant, titulaire de la chapelle des Mesnard, à Brigné.

René-Urbain Baudineau, titulaire de la chapelle des Baudouin, à Brion-près-Thouet, représenté par Alexis Molliet, curé de Saint-Hilaire-le-Doyen.

François Pain, titulaire de la chapelle Blanche, à Champigny-le-Sec, représenté par Jean Chaveneau, curé de Cuhon.

Étienne-Claude Dubois, ancien curé de Saint-Pierre réuni à Saint-André de Mirebeau, comme titulaire de la chapelle de Notre-Dame, à Cherves, représenté par François-Charles Gloria, chanoine de Mirebeau.

Jean-Aimé Leroyer de Chantepie, titulaire de la chapelle de la Chevalerie, au Coudray-Macouard.

André Nacquefaire, titulaire de la chapelle de Notre-Dame, au Coudray-Macouard.

Michel-Pierre Beucher, titulaire de la chapelle de Sainte-Catherine, au Coudray-Macouard.

François-Félix Béguyer des Marais, titulaire de la chapelle de Saint-Nicolas, au Coudray-Macouard, représenté par François-Gaspard Maupassant.

Lardy, titulaire de la chapelle de Notre-Dame, à Courcoué.

Jouanneau, titulaire de la chapelle des Soureau, à Courcoué.

Joseph-Abraham Hervé, titulaire de la chapelle de la Touche-d'Aizé, à Courléon, représenté par Anne-Drouin-Emmanuel Moreau des Ardilliers, curé du Coudray-Macouard.

Joseph Corbin, titulaire de la chapelle d'Étiau, à Coutures, représenté par Charles-Urbain Baudry, chapelain de Nantilly.

Mathurin-Jacques-Noël Lepeu, titulaire de la chapelle des Loges, à Cunault, représenté par Nicolas Lepeu, curé de Louerre.

François Rebeilleau, titulaire du legs des Claveau, à Dampierre, représenté par Jean Delanoue, curé de Blaison.

Denis Fouque, titulaire de la chapelle des Doussin, à Dampierre.

François Girard, titulaire du legs des Gondouin, à Dampierre.

Louis Pimot, titulaire du legs des Pasquier, à Dampierre, représenté par François Richardin, chanoine de Montsoreau.

Coiffard, titulaire de la chapelle Saint-Nicolas, à Dénezé-sous-Doué.

Charles-Nicolas Doussin, titulaire de la chapelle de la Chantrerie, à Doué, représenté par Jean-François Peltier.

Malécot, titulaire de la chapelle de la Confrérie, à Doué.

François-Alexandre Grignon, titulaire de la chapelle de la Cuisarde, à Doué.

Jean-Joseph Genneteau, titulaire de la maire-chapelle senestre, à Doué, représenté par Jean-François Peltier.

Jean-François Peltier, titulaire de la chapelle de Sainte-Catherine, à Doué.

Peltier, titulaire de la chapelle de Saint Jean-Baptiste, à Doué.

Jean-Pierre Monnereau, titulaire de la chapelle des Anniversaires, à Faye-la-Vineuse.

Pierre Thibault, titulaire de la chapelle de Cautau, à Faye-la-Vineuse, représenté par Jean-Pierre Monnereau, chanoine de Faye-la-Vineuse.

René Nauzereau, titulaire de la chapelle de Saint-Blaise, à Faye-la-Vineuse, représenté par Jean-Pierre Monnereau.

Jean-Fortuné Bouin de Marigny, titulaire de la chapelle fondée par Louis Roy.

Pelletier, titulaire de la chapelle du Nom de Jésus, à Forges.

Mathurin-Charles Beaumont, titulaire de la chapelle de Sainte-Catherine, à Saint-Eusèbe de Gennes, représenté par Pierre Delalande, vicaire à Saint-Nicolas de Saumur.

Jean-Sébastien Dinan, titulaire de la chapelle de Sarré, à Saint-Vétérin de Gennes, représenté par Philippe-Gabriel Trouvé, curé de Lenay.

François-René Suchet, titulaire de la chapelle de la Morinière, à Longué, représenté par Philippe-Gabriel Trouvé, curé de Lenay.

Pierre-Athanase-Noël Jamet, titulaire de la chapelle de Sainte-Catherine, à Longué, représenté par Paul-Louis Catroux, chanoine de Martigné-Briand.

Pierre Pineau, titulaire de la chapelle de Saint-Michel, à Longué.

Louis-François de la Corbière, titulaire de la chapelle de Launay, à Louresse, représenté par Charles-Urbain Baudry, chapelain de Nantilly.

François-Alexis Moreau, titulaire de la chapelle Sainte-Catherine, à Louresse.

Hilaire Cuiton, titulaire de la chapelle de Tambré, à Louzy.

Gourdon, titulaire de la chapelle de Cornu, à Martigné-Briant.

Hilaire-Mathurin Mesnard, titulaire de la chapelle de Jallais, à Martigné-Briant, représenté par Paul-Denis Catroux, chanoine de Martigné-Briant.

Pierre Girault, titulaire de la chapelle de Notre-Dame, à Martigné-Briant, représenté par Paul-Denis Catroux, chanoine de Martigné-Briant.

Paul-Denis Catroux, titulaire de la chapelle de Saint-Blaise, à Martigné-Briant.

Michel Rizard, titulaire de la chapelle de Sainte-Croix, à Martigné-Briant, représenté par Paul-Denis Catroux, chanoine de Martigné-Briant.

Noël Le Roux, titulaire de la chapelle Saint-Martin-le-Grand, à Martigné-Briant, représenté par Paul-Denis Catroux, chanoine de Martigné-Briant.

Jacques Chetoul, titulaire de la chapelle du Teillé, à Martigné-Briand, représenté par Paul-Denis Catroux, chanoine de Martigné-Briand.

De Bellère du Tronchay, titulaire de la chapelle du Tronchay, à Martigné-Briand.

Charles Prudent Rogier, titulaire de la chapelle de Villeneuve, à Martigné-Briant, représenté par Paul-Denis Catroux, chanoine de Martigné-Briant.

François Richard, titulaire de la chapelle de Saint-Maurille, à Méron.

Jacques-Sévère Prévost, titulaire de la chapelle de Chevré, à Milly-le-Meugon, représenté par Louis-Denis Papin, chapelain de Saint-Pierre de Saumur.

Jacques Lepautremat, titulaire de la chapelle des Maillé, à Milly.

François-Gaspard Maupassant, titulaire de la chapelle de Monbrun, à Milly.

Louis-Joseph Collet, titulaire de la chapelle de Sainte-Catherine, à Mirebeau.

Louis Fouchier de Pontmoreau, titulaire de la chapelle de Sainte-Catherine, à Mirebeau, représenté par Pierre Delalande, vicaire à Saint-Nicolas de Saumur.

François-Charles Gloria, titulaire de la chapelle de Saint-Étienne, à Mirebeau.

Roger, titulaire de la chapelle des Bienvenus, à Moncontour.

Delhumeau, titulaire de la chapelle de Saint-Thomas, à Moncontour.

Dalonne, titulaire de la chapelle de la Toisonnière, à Moncontour.

Jean-François Jacquet, titulaire de la chapelle de l'Annonciation, à Montreuil-Bellay, représenté par Jean-Baptiste Franquelet, doyen du chapitre de Montreuil.

Jean-Baptiste Franquelet, titulaire de la chapelle de Saint-Jean, à Montreuil-Bellay.

Martin Millocheau, titulaire de la chapelle de Mesdon, à Montsoreau, représenté par François Richardin, chanoine de Montsoreau.

Fougeray, titulaire de la chapelle de Saint-Nicolas, à Noyant-la-Plaine.

François-Gaspard Fournier, chapelain de Vaillé, à Nueil-sous-Passavant, représenté par Pierre-François Pheliponneau, curé de Nueil.

Roger, titulaire de la chapelle Saint-Jean, à Passavant.

Guitton, titulaire de la chapelle de Saint-Gervais, à la Plaine.

François-Gaspard Maupassant, titulaire de la chapelle de Saint-Laurent, au Puy-Notre-Dame.

Pierre-François-André Guillon, titulaire de la chapelle de Saint-Mars, au Puy-Notre-Dame, représenté par Jean-François Bretel, prieur de Saint-Maur.

Amard, titulaire de la chapelle Saint-Gilles, à Rou, représenté par Pierre Hardouin, curé de Chétigné.

Vacher, titulaire de la chapelle Sainte-Anne, à Saint-Clément de Sauves.

Lucas, titulaire de la chapelle de Saint-Pierre, à Saint-Georges-Châtelaison.

Philippe Dubois, titulaire de la chapelle du Puy-Girault, à Saint-Hilaire-l'Abbaye.

Louis-Sébastien Mondot, titulaire de la chapelle de Boumois, à Saint-Lambert-des-Levées.

François Carpantier, titulaire de la chapelle des Paillard, à Saint-Lambert-des-Levées.

Marais, titulaire du legs des Poirier, à Saint-Lambert-des-Levées, représenté par François-René-Alexandre de Maillé de la Tourlandry, prieur de la Breille.

Gouis François-Urbain Jamin, titulaire de la chapelle de Boumois, à Saint-Martin-de-la-Place, représenté par Michel-Pierre Launay, curé de Saint-Martin-de-la-Place.

Hilaire Sainton, titulaire de la chapelle d'Étambé, à Saint-Martin-de-Sanzay, représenté par Augustin Chauvet du Teil, prieur-curé de Saint-Martin-de-Sanzay.

André-Vincent Demège, titulaire de la chapelle de Notre-Dame, à Saint-Martin-de-Sanzay, représenté par Joseph Roger, chanoine du Puy-Notre-Dame.

Dezé, titulaire de la chapelle des Ferré, à Saint-Rémy-la-Varenne.

Jean-Pierre Jameron, titulaire de la chapelle des Négrier, à Saint-Rémy-la-Varenne.

Moreau, titulaire de la chapelle de Seriganne, à Saint-Rémy-la-Varenne.

Les curés chapelains des legs de dame Renier des Loges, desservis dans l'église de Saint-Florent du château de Saumur, représentés par René Villeneau, le premier d'entre eux (1).

Michel-François Besnard, titulaire du legs de Pinçon, à Saint-Pierre de Saumur.

Jean-Baptiste Caffin, titulaire de la chapelle de Sainte-Barbe, à Saint-Pierre de Saumur.

Grenault, titulaire de la chapelle de Saint-Bonnet, à Sérigny.

---

(1) Les curés chapelains étaient au nombre de six : René Villeneau, curé de Varrains ; Paterne, curé du Vaudelnay ; Gilloire, curé de Vezières ; Hardouin, cure de Chetigné ; Girard, curé de Neuillé ; Pimot, chanoine curé de Montsoreau.

Maugin de la Guérinière, chapelain à Souzay.

Jean-Louis Merlet, titulaire de la chapelle de Saint-Étienne, à Varennes-sous-Montsoreau, représenté par Nicolas Guillot, curé de cette paroisse.

Antoine-Raymond Treton, titulaire de la chapelle de Bonnes-Nouvelles, à Saint-Pierre-des-Verchers, représenté par Jean-Baptiste Franquelet, doyen du chapitre de Montreuil-Bellay.

Florent Fontaine, titulaire de la chapelle Saint-Jean, aux Verchers.

Ruiné, titulaire de la chapelle de Notre-Dame, à Vouzailles.

Nota. — M. Clément Mesnard, député du clergé de la sénéchaussée de Saumur, prêta serment à la constitution civile, revint à Aubigné-Briant après la dissolution de l'Assemblée Constituante (1) et mourut curé de cette paroisse le 25 septembre 1807. M. Louis-Bertrand Lelivec de Lanvoran, nommé suppléant, prêta également serment et mourut curé d'Antoigné le 20 novembre 1804.

Le 27 mars, l'ordre de la noblesse du pays saumurois nomma député Charles-Élie, *marquis de Ferrière* (2), demeurant au château de Marçay, près Mirebeau, et pour suppléant René-Henri de Caux, chevalier, seigneur *de Chacé*, ancien capitaine de cavalerie à la suite des chevau-légers de la garde du roi (3).

(1) Il se réfugia à Angers, en 1793, lors du soulèvement général de la Vendée.

(2) Le marquis de Ferrière a publié, en 1799, des *Mémoires pour servir à l'histoire de l'Assemblée constituante et de la Révolution de 1789.*

(3) Cf. *Assemblée de l'ordre de la noblesse de la sénéchaussée de Saumur et pays saumurois, tenue dans ladite ville, relativement à la*

Enfin le Tiers État élut comme députés Jean-Étienne de Cigongne, négociant à Saumur, et Maurice Bizard, avocat, ancien maire de Saumur, ancien bâtonnier ; le suppléant fut Charles-Jean Ragonneau, avocat fiscal du duché de Richelieu (1).

F. Uzureau,

Directeur de l'*Anjou Historique.*

convocation des Etats généraux, indiqués au 27 avril 1789 (Saumur, de Gouy, in-12 de 49 pages). — Le cahier de l'ordre de la noblesse de Saumur a été réimprimé dans les *Archives Parlementaires* (tome V) et dans les *Archives de l'Ouest*, de Proust, pages 68 et suivantes.

(1) Cf. *Cahier de l'ordre du Tiers-Etat de la sénéchaussée de Saumur et pays saumurois, contenant les représentations faites par ledit ordre, ainsi que les procès-verbaux de nomination, acceptation et prestation de serment des députés de cet ordre, relativement à la convocation des Etats Généraux du royaume indiquée au 27 avril 1789* (Saumur, de Gouy, in-12 de 26 pages). — Le cahier du Tiers-Etat saumurois a été réimprimé dans les *Archives Parlementaires* (tome V).

www.ingramcontent.com/pod-product-compliance
Ingram Content Group UK Ltd.
Pitfield, Milton Keynes, MK11 3LW, UK
UKHW020105100726
13658UKWH00004B/1987